Criminalita Femminile

Antonio Orsini

In the interest of creating a more extensive selection of rare historical book reprints, we have chosen to reproduce this title even though it may possibly have occasional imperfections such as missing and blurred pages, missing text, poor pictures, markings, dark backgrounds and other reproduction issues beyond our control. Because this work is culturally important, we have made it available as a part of our commitment to protecting, preserving and promoting the world's literature. Thank you for your understanding.

LUCCHINI

CRIMINALITÀ FEMMINILE

CONFERENZA

DELL'AVV. ANTONIO ORSINI

PROFESSORE DI ECONOMIA POLITICA E DI STATISTICA

NEL REGIO ISTITUTO TECNICO

DI ALESSANDRIA

SIGNORE E SIGNORI, [1]

Il campo della statistica criminale è molto vasto: più vasto assai che non farebbe credere la civiltà de' tempi nostri, feconda di tanti beni al consorzio sociale. Omicidi selvaggi, furti audaci, frodi, rapine, malversazioni di pubblico denaro, tutta insomma l'attività criminosa ingrossa di giorno in giorno, di anno in anno le cifre della statistica quasi a dimostrare che non v'ha forza di progresso bastevole ad arrestare la delinquenza *nel suo fatale andare*. Nè si confortino gli animi retti colla rosea speranza che verrà giorno - sia pure lontano - nel quale la maledetta genia di Caino cesserà di funestare la terra. Da Grecia a Roma, dal medio evo a noi le istituzioni sociali migliorarono, la polizia giudiziaria si fece più vigile e più operosa, mille mezzi di prevenzione si misero in opera per recidere la mala pianta della criminalità, e tuttavia il bieco esercito dei malfattori attraversò i secoli, arrivò fino a noi e come la camicia di Nesso starà sempre attaccato ai fianchi della società fintanto che *il sole risplenderà sulle sciagure umane*. Anzi il progresso civile darà al malefizio sempre nuovo alimento, perchè aumen-

---

[1] Questa conferenza ho tenuta nell'aula consolare di Alessandria il 20 marzo 1898.

tando i proteiformi rapporti sociali che possono essere offesi, accrescerà - per dirla col Messedaglia - la materia del crimine.

Ma non è mio proposito percorrere tutto intero l'immenso campo della statistica criminale, perchè mi mancherebbero il tempo e la lena, perciò mi restringo ad uno studio sommario della delinquenza femminile, che mi propongo di confrontare con quella dell'uomo, indagando le ragioni per le quali l'una e l'altra criminalità quantitativamente differiscano tra loro. Però prima d'addentrarmi nell'argomento sento vivo il bisogno d'invocare la vostra indulgenza, Signore e Signori, che mi ascoltate. Non lo faccio per artefizio rettorico: sono un uomo alla buona e per indole e per abitudine alieno dai lenocinï dell'arte: ma la coscienza profonda della pochezza mia, l'alto concetto che ho di voi, esigono che io pellegrino dall'Umbria nativa ed ospite recente di questa colta città, chiegga a voi che usiate verso di me tutta la bontà del vostro cuore e non pretendiate troppo dalla povertà del mio ingegno.

Spetta all'uomo il triste primato nella delinquenza: nè tale fenomeno è proprio di questa o quella nazione, ma così generale che si avvera tanto nel vecchio, quanto nel nuovo mondo. Dovrei aggirarmi in un laberinto di cifre, di medie, di proporzioni per darne la dimostrazione statistica. Non voglio gettarvi addosso questa cappa di piombo e mi limiterò a fissare pochi, ma indispensabili dati. Negli Stati Uniti si ha un delitto commesso da donne su dodici consumati da uomini; nella Spagna uno su tredici, in Germania uno su quattordici, e in Inghilterra uno per quattro. In Francia dal 1881 al 1886 la criminalità femminile oscillò fra il 14,65 per cento ed il 13,44; nel Belgio nello stesso periodo di tempo si mantenne pressochè inalterata al 18 per cento. E in Italia? Bando alle illusioni, diciamolo franco: la *terra de' fiori, de' suoni, de' carmi*, è anche la terra del maleficio, e la mala pianta della delinquenza aduggia, come altrove, *il bel paese che Appennin parte - e il mar circonda e l' Alpe*. Tuttavia nel 1889 si ebbero fra i condannati 25,94 uomini su 5,25 donne per ogni mille abitanti, e così per ogni 100 condannati 83 uomini e 17 donne e questa proporzione restò pressochè la stessa anche dipoi.

Lo stesso fatto si avverò anche in addietro. Infatti si ricava dalla Fisica sociale di Quetelet che dal 1825 al 1830 di 28686 accusati tradotti innanzi ai Tribunali francesi solo 5416 erano donne, cosicchè in generale si ebbe il ragguaglio del 23 per 100 per i due sessi. Il bel libro della Medicina delle passioni di Descuret ci fa conoscere che dal Rendiconto generale della giustizia penale francese emerge che le donne delinquenti rappresentano 17 centesimi, ovvero un sesto circa del numero totale. Paragonando poi il numero degli accusati di ciascun sesso alla frazione corrispondente della popolazione, si trova un accusato su 2732 abitanti per gli uomini e un accusata in 13572 per le donne.

Che se si getti lo sguardo su quei sciagurati, che ribelli alla condanna ed alla punizione, usciti appena dalle prigioni dannosi di nuovo a malfare, si riscontra anche qui che il contingente dato dalla donna alla recidiva è scarsissimo non solo in confronto alla criminalità maschile, ma alla già tenue delinquenza femminile. A questo proposito non si può tenere gran conto della statistica italiana, perchè soddisfa in modo assai imperfetto ed induttivo alle esigenze della ricerca scientifica, ma è d'uopo far capo alla francese e dal Resoconto Generale del 1882 si rileva che i due quinti e cioè il 39 per cento dei maschi furono condannati di nuovo dal 1880 al 1882. Per le femmine invece la proporzione non raggiunge il quarto, non essendo che il 24 per cento e cioè 173 recidive su 1128 liberate. Faccio punto colle cifre e concludo colla statistica alla mano che minore d'assai di quello dell'uomo è il contributo che la donna presta al malefizio.

Tuttavia v'ha chi crede che questo fenomeno sia più *apparente* che *reale*. É di tale avviso un valente funzionario del pubblico Ministero, il Procurator Generale Pascale, il quale non nega che nelle tavole statistiche figura l'uomo come quello che delinque di più, ma perchè ciò? Perchè le donne ne sanno un punto più del diavolo e perciò le opere loro *non leonine ma di volpe*, ed in ispecie una quantità ingente di piccoli furti e di altri atti criminosi da loro commessi sfuggono alle solerti indagini della giustizia. Abbia pure la Polizia gli occhi di Argo, le donne posseggono l'anello mitologico di Gige che le sottrae alla vista dei Cerberi polizieschi. Dico franco, quest'affermazione spogliata delle frange dell'umorismo, non ha saldo fondamento. Sia pure che la scaltrezza femminile arrivi a nascondere alle investigazioni della pubblica autorità molte delle sue marachelle, che urtano con questo, o con quell'articolo del Codice penale, ma è proprio sicuro quel bravo Magistrato che quest'abilità sia caratteristica solo delle donne e che tutti gli uomini responsabili di qualche malefizio incappino inesorabilmente tra le unghie delle Guardie di pubblica sicurezza e sieno tratti dinanzi ai Giudici penali a rispondere de' propri reati? È proprio certo che tutti i delitti dei quali non si giunge a scoprire gli autori - e disgraziatamente sono molti perchè le statistiche provano che per il 22 per cento dei misfatti commessi, gli autori rimangono sconosciuti - sono consumati da donne? Qual'è la Ninfa Egeria che gli ha fatto questa strabiliante rivelazione? Per affermare un principio che dà di cozzo colle rilevazioni statistiche, occorrono fatti e fatti bene accertati non parole od ipotesi più o meno ingegnose e come sarebbe asserzione azzardata dire che il terzo od il quarto dei delitti ignoti o de' quali sono sconosciuti gli autori si deve ascrivere senza nessuna riserva agli uomini, è affermazione non meno avventata quella contraria. Anzi vado più oltre e facendo mia un'idea di Quetelet ragiono così. Siccome la delinquenza maschile accertata dalla statistica è il 92 per cento della femminile e questa soltanto l'otto per cento di quella, pei delitti ignoti e per quelli gli autori dei quali sono avvolti nel buio del mistero sarà lecito tenere la stessa proporzione e concludere così che di questa specie di misfatti il 92 per cento è da attribuire agli uomini, e l'otto per cento alle donne. Certo questo dato è puramente *congetturale* e però non ha la certezza derivante dalla rilevazione statistica diretta, ma si basa sopra un punto di partenza sicuro, d'onde la conseguenza logica che si avvicini molto alla verità, e perciò è men cervellotico di positivo della ipotesi messa innanzi da Pascale. In sostanza dalla statistica ignota non si possono distruggere i resultati di quella nota e molto meno basandosi sopra una ipotesi discutibilissima, concludere che è una *apparenza* non una *realtà* il fenomeno della minor delinquenza femminile assodato dalla statistica.

Partendo da un ordine diverso d'idee anche Lombroso, seguito da Corne e da Chaussinand, giunge alle medesime conclusioni di Pascale e trova nella *prostituzione* l'equivalente della minore criminalità femminile, perchè i risultati delle sue ricerche antropologiche gli hanno fatto riscontrare nelle donne da conio gli stessi caratteri della donna delinquente e perciò secondo lui la prostituzione è una delle svariate forme d'attività criminosa. Peraltro a ragione gli obbietta Ferè che la prostituzione non lede nè l'altrui persona, nè l'altrui proprietà e per questo non si può assimilare alla delinquenza, sieno qualsivogliono le affinità antropologiche dei caratteri delle donne criminali colle prostitute. E per verità le sciagurate che fanno delle carni loro turpe mercato e che, per dirla con frase dantesca, *la ragion sommettono al talento,* violano senza dubbio le leggi della moralità e cadono nel fango e nell'abbiezione, ma non ogni offesa della morale è *delitto,* sia che questo si consideri dal punto di vista *naturale,* sia che si riguardi sotto l'aspetto *giuridico.* E che altro invero è delitto naturale secondo i dettami della scuola positiva, se non lesione di quella parte di *senso morale* che consiste nei sentimenti fondamentali altruistici, *pietà e probità?* Or bene, nessuno di questi *sentimenti altruistici fondamentali* è offeso dalla prostituzione. Che se si ritenga il concetto del delitto adottato dalla scuola classica capitanata dal sommo Carrara, mio venerato maestro, secondo cui il malefizio altro non è che un *fatto vietato dalla legge dello Stato e minacciato di pena,* non si può arrivare davvero a conclusione diversa dalla precedente, perchè nessun fatto proibito dalla legge dello Stato e per il quale sia comminata una sanzione penale commettono le miserabili *peccatrici carnali.* Dunque la prostituzione è peccato sotto l'aspetto religioso; è vizio, vergognosissimo vizio di fronte alla morale, ma non è delitto, e perciò le donne perdute non vanno imbrancate colle delinquenti. Sono è vero sulla china fatale che conduce al malefizio e dal lupanare alla galera il passo è breve; ma altro è dire che la prostituzione è *occasione prossima* di reato, altro affermare che in sè stessa e per sè stessa costituisca un delitto vero e proprio: la prima proposizione è vera, laddove la seconda è falsa di pianta. Ma v'ha di più: si aggiunga pure alla schiera volgare delle donne criminali, l'esercito abbietto delle donne di malo affare, allora — come egregiamente rileva il Tarde — il contingente dei delittuosi si dovrà ingrossare di tutti quei sciagurati che tuffati nel vizio *come porco in brago,* calpestano la legge santa della morale pur non recando offesa a quella giuridica, e così degli ubriaconi, dei vagabondi, de' lenoni, degli usurai, di tutti insomma quei miserabili che sono piaga cancrenosa della società e sulla cui fronte la coscienza pubblica imprime lo stigma della riprovazione. Ma se questo si facesse la proporzione resterebbe inalterata e sarebbe sempre vero che le donne delinquono meno degli uomini. Adunque la minor delinquenza femminile non è un'*apparenza,* ma un *fenomeno reale.*

Ma quali le cause di questo fenomeno? Dico subito che su questo punto regna grande discrepanza fra i cultori della sociologia e della statistica criminale. Alcuni lo attribuiscono a superiorità del sesso femminile sul maschile in fatto di moralità, alla mansuetudine dell'animo della donna proclive per natura alla benevolenza ed alla pietà; altri alla differenza di costituzione organica fra i due sessi: altri finalmente all'ambiente sociale nel quale vive la donna e nel quale dispiega la sua operosità. Secondo me, quando in una soltanto delle predette cause presa in disparte dall'altra, si pretende trovare la ragione del fenomeno di cui si discorre, non si cammina sulla retta via, perchè si perde di vista l'indole intrinseca del malefizio che è un fenomeno complesso e l'effetto di proteiformi fattori *individuali e sociali.* In ogni reato invero entrano complici la *natura* e la *società* e - come dice Bovio - non v'ha matematica che sceveri la parte di questa *complicità necessaria.* Scendiamo nell'intimo di noi stessi, notomizziamo l'essere nostro, e troveremo nelle nostre fibre, ne' nostri nervi, nelle nostre ossa, nelle nostre polpe, insomma nella nostra intima essenza uno stampo *fisico* e *psichico* particolare che costituisce tutta la nostra *individualità*: chiamatelo col divino poeta il *fondamento che natura pone*; ditelo *indole*, *carattere* insomma quel che meglio vi pare, fatto è che ciascuno ha il proprio fondo, che nè *disciplina*, nè *educazione*, arrivano mai a radere del tutto, perchè come verseggiava il poeta latino *naturam expellas furca, tamen usque recurret*. Il demonio può farsi frate; però se rimugghia in lui il sopito, ma non domo inferno, ritorna demonio. Posto ciò che sianvi creature umane con tendenze spiccatamente criminose non si può negare: guai se non sanno o non possono frenarle, nè subire le condizioni di adattamento all'ambiente sociale, nel mezzo al quale il destino le collocò: diverranno ladri, falsari, assassini, arnesi insomma da reclusione e da ergastolo.

Ma lo diceva egregiamente Lacassagne al congresso antropologico di Roma del 1886, che *l'ambiente sociale é il liquido di cultura della criminalità: il microbo è il delinquente, cioè un elemento che non ha importanza se non quando trova il liquido che lo fa fermentare*; concetto che veniva riassunto dal Tarde in queste parole: *tale organizzazione sociale, tale delinquenza*. Dunque *individuo* e *società*, o come altri disse *necessità naturale* e *necessità sociale*: ecco i veri fattori del malefizio. Ma se questo è il resultato di una congerie varia di cause, delle quali per quanto nei singoli individui possa variare l'energia dell'azione, pur tutte concorrono a costituirlo, mi pare se ne possa inferire che là dove l'estensione e l'intensità criminosa è minore, minore del pari debba essere l'impulso non di una sola, ma di tutte queste cause prese nel loro insieme. Perciò credo che non a torto affermasse Quetelet che la donna è meno propensa dell'uomo a delinquere perchè trattenuta dal sentimento della vergogna e del pudore rispetto alla morale, dalle sue abitudini rispetto all'occasione, dalla sua debolezza quanto alla facoltà di agire. Si potrà dire che la dottrina di Quetelet non è completa, perchè oltre al sentimento della vergogna e del pudore, altri sentimenti non meno potenti trattengono la donna dal delinquere rispetto alla morale, e quali sieno questi sentimenti si vedrà tra poco, ma è un fatto che nel dinamismo delle cause individuali e sociali, da cui sbucca fuori come effetto il delitto devesi ricercare la spiegazione del fenomeno della minore criminalità del sesso femminile. Però prima di procedere oltre in questa indagine è necessario si avverta che il fattore *individuale* del delitto va considerato sotto l'aspetto *morale* e sotto l'aspetto *fisico*, perchè *l'individualità umana* è per l'appunto la resultante dei due coefficienti *psichico* e *antropologico*. Premesso questo, eccomi alla ricerca delle cause da cui, a mio avviso, deriva il fatto accertato dalla statistica della minore delinquenza della donna in confronto dell'uomo.

Il *sentimento religioso* è più vivo e più profondo in quella che in questo: il bisogno di accrescere appoggi alla propria debolezza, di avere un presidio nei pericoli che la circondano, un conforto nelle amarezze della vita - la spiegazione è di Pockels - la portano a Dio, cosicchè tolta la religione - e qui non parlo di questa o di quella confessione religiosa, ma della fede in un Essere supremo, giusto dispensiero di premi e di pene a seconda delle opere buone o ree, e nell'immortalità dell'anima - la morale della donna o sparisce o vacilla. È per questo che taluni pensatori moderni, quantunque increduli consigliano l'educazione religiosa del sesso femminile, e v'ha pure chi crede che il triste progresso della delinquenza nell'età nostra si deve in gran parte alla mancanza di forti e sincere credenze religiose nelle giovani generazioni. Or bene questo sentimento religioso radicato nella donna più assai che nell'uomo, è una delle cause cui si rannoda la minore criminalità di quella.

So bene che su questo terreno arde viva la lotta tra i pensatori, de' quali taluni - Romagnosi, Wund, Tylor - affermano che la religione contribuì a formare il senso morale e contribuisce efficacemente a mantenerlo; altri - Guyan, Letourneau - si restringono a sostenere che quella afforza e dà sanzione a questo; molti poi - Bukle, Reville, Starke, Metehnikoff, Bertillon, Hovelacque, Ardigò, Angiulli, Lacombe - negano qualsivoglia influenza della religione sulla moralità; altri infine - Max Nordau, Sergi, Schiattarella - proclamano che la religione lungi dal giovare alla moralità, riesce a questa dannosa; nè io pretendo sedermi in iscranna e farla da giudice su controversia così grave. Tuttavia non posso acconciarmi a credere coll'Ardigò che non è la religione che mantiene la moralità, ma al contrario la moralità che mantiene la religione, e molto meno collo Schiattarella che la religione è *una follia*, o col Sergi che è un *fenomeno patologico*, o col Max Nordau che essa è una *infermità* causata da imperfezione del nostro cervello. Per giungere a tanto bisogna dimenticare affatto la storia dalla quale apprendiamo che solo per mezzo della religione gli uomini rozzi ed incolti si assoggettarono alle leggi ed all'impero della pubblica autorità: conviene sconoscere una verità di fatto proclamata già dai vecchi filosofi e confermata continuamente dall'esperienza che è più facile trovare una città fabbricata sull'aria, che un popolo senza Dio. E poichè il sentimento religioso è coevo all'umanità ed universale, tanto nello spazio, quanto nel tempo, all'udire certe ardite affermazioni verrebbe voglia di domandare se anzichè la *religione*, non sia piuttosto la *irreligione* un *fenomeno patologico*, una *follia* derivante da condizione morbosa dell'organo pensante, e se i pazzi invece di essere gli Agostini, i Gerolami, i Tomasi d'Aquino, gli Alighieri, i Rosmini, i Cantù, i Manzoni, ed altri molti non lo sieno al contrario tanti altri che si credono savi. Quanto a me sono convinto che la religione corrobori potentemente il sentimento morale, in quanto è mezzo efficace per invigorire i buoni nel bene la speranza di un avvenire migliore, e freno ai malvagi il timore de' castighi nella vita futura e la coscienza che *ogni macchia dell' alma ed ogni ruga*, sarà severamente frugata e pesata dalla giustizia divina, al di là della bara. È per questo che sottoscrivo alla tesi di Garofalo, valente campione della scuola positiva, ad avviso del quale le emozioni religiose eccitate nella prima età non rimangono prive di ogni effetto, ma lasciano un impronta che pure indebolendosi, mai si cancella del tutto anche quando venga meno la fede. E mi conforta nel concetto mio l'osservazione positiva di Darwin che una credenza inculcata costantemente nei primi anni della vita, quando il cervello è più impressionabile, sembra acquistare la natura di un istinto, e la vera essenza dell'istinto sta appunto in ciò che esso venga seguito indipendentemente dalla ragione. Che più? Lo stesso Pontefice dei positivisti, lo Spencer dall'evidenza dei fatti è trascinato a confessare che i sentimenti ispirati dall'infanzia dallo spettacolo della sanzione sociale e religiosa dei principî morali, influiscono sulla condotta *assai più* che l'idea del ben essere che si ottiene con l'obbedienza ai principî di tal genere.

Ma a questo proposito mi si oppongono i resultati dell'osservazione sperimentale e della statistica. Però non mi smuove dal mio modo di pensare il fatto che talora i più grandi delinquenti non sono privi di sentimenti religiosi: che Verzeni feroce strangolatore di femmine frequentava la chiesa ed il confessonario; che i compagni del terribile La Gala tradotti al carcere di Pisa rifiutavano recisamente di prendere cibo nei venerdì di quaresima ed al Direttore che li esortava a mangiare, rispondevano ostinati: e che ci avete preso per tanti eretici? che la Vigna prima di freddare il marito gettossi ginocchioni a pregare la Vergine perchè le desse forza a compiere l'atroce misfatto: che lo stracciarolo Reggia condannato a Milano per 33 assassinii andava a messa tutti i giorni, non lasciava nessuna funzione religiosa, predicava di continuo la morale e la fede di Cristo: che la Zambeccari aveva fatto voto di un calice alla Madonna di Loreto se fosse riuscita ad avvelenare il marito: che la Trossarello spietata mandante di uxoricidio era devotissima della Madonna. Poichè prima di tutto resta a sapere se questa meglio che religione non era che ipocrisia per allontanare dal capo loro i sospetti della giustizia punitiva. Sui delinquenti e come Magistrato e specialmente come Avvocato ho fatto un po' di pratica anch'io e molti ne trovai che per i biechi fini loro affettavano religione, simulavano pratiche devote, ma sinceramente e schiettamente religiosi nessuno, e vi accerto che ne ho studiati non pochi. Che se un barlume di fede lampeggia talora in quelle anime depravate è superstizione, che come la fede nella jettatura, domina spesso l'animo umano, non religione vera e sentita. Quanto alla statistica come pretendere da questa quello che non può dare? Essa non è, nè può essere omnisciente; attesta è vero che in taluni delinquenti il sentimento religioso non è estinto, ma forse ci sa dire quanti si trattennero dal malefizio per il timore delle pene nella vita futura? Può forse la statistica penetrare negli intimi recessi del cuore umano, sorprendervi e notomizzare le febbri del leone che vi mugghiano, le viltà della iena che vi annidano, le battaglie che vi fremono e concludere che a sopire quei muggiti, a snidare quelle codardie, a soffocare quei fremiti a conseguire insomma la vittoria del bene sugli stimoli del male non entrò per nulla la religione? Certo che no: Che se la statistica accerta solo il fatto *positivo* di delittuosi non trattenuti dalla religione dal commettere reati, ma non prova, nè può provare in alcun modo il fatto *negativo* di molti che non commisero delitti perchè arrestati nell' *iter criminis* dalla religione, è chiaro che non risolve affatto la questione se la credenza religiosa eserciti o no efficace influenza nella dinamica criminosa. Però se la religione è intimamente connessa colla moralità ed anzi è di questa sussidio potentissimo, è lecito inferirne che anch'essa agisca come controspinta nell' attrito degli impulsi criminosi, e che il sentimento religioso, più intenso, più profondo generalmente parlando nella donna che nell' uomo spieghi in parte il perchè la criminalità di quella sia minore della delinquenza di questo.

Non entro nella questione, se in fatto di moralità la donna sorpassi l'uomo. Non mancano autorevoli scrittori che dicono di sì, come Maury fra gli altri, ed il Tarde secondo cui la donna è il tipo della bontà e della delicatezza e mentre somministra alle prigioni un contingente *quattro volte* minore dell'uomo, per di più è disposta al bene *quattro volte* più di questo. Anzi Bonneville de Marsangy nel suo libro *etude sur la moralité* va più innanzi ancora, ed affermato recisamente che la moralità femminile è superiore a quella maschile, ne conclude che se i poeti continuano a chiamare le donne il *bel sesso*, gli uomini *seri* e *giusti* dovrebbero loro attribuire una qualifica non meno meritata, quella di *buon sesso*. Certo se la moralità pubblica - secondo la concezione di Garofalo e di altri positivisti - si compendia tutta nel rispetto dei sentimenti altruistici fondamentali ed universali della *pietà* e della *probità*, non esito a convenire che il primo di questi due sentimenti in ispecie, e cioè quello della *pietà* spicca eminentemente - come farò chiaro tra breve - nel sesso femminile. Però secondo me, il campo della morale è più vasto e non si restringe solo alla *pietà*, ed alla *probità* ed alle virtù che più o meno direttamente si rannodano a quelle, ma abbraccia una quantità di altri sentimenti, come quelli di giustizia, di famiglia, di patria, la cui violazione è immoralità non meno grave che la violazione della pietà e della probità. Perciò hanno torto coloro che come Legoyt, Hanser, e recentemente anche Levi, dalle nude cifre della criminalità pretendono fare la scala del grado di moralità fra i due sessi, poichè in base ai dati statistici si può parlare semplicemente di *tendenza criminosa* nella vita dell'uomo e della donna, non di *moralità*. La statistica criminale dice unicamente che si commettono più delitti dai *maschi*, che dalle *femmine*; niente di più. Or questo fatto semplicissimo - sono d'accordo col Ferri - non può da solo giustificare nessun giudizio etico-sociale, anche quando raggiunga il grado massimo di precisione, appunto perchè la moralità di un popolo ha troppi elementi che in esso non sono compresi. D'onde la necessità di ricorrere alla storia, all'etnografia, all'esperienza, per avvicinarsi più che è possibile alla realtà e fissare principî generali sicuri. Quello però di cui non si può dubitare perchè appunto l'esperienza e la storia ne danno prove luminose, è che nella donna prevale più che nell'uomo l'istinto della pietà e forma la regola costante della sua condotta. Convengo quindi con Rouxel, che all'età della pubertà l'altruismo si sviluppa nella donna insieme alla sessualità, e naturalmente l'oggetto primo verso cui si dirige è il sesso opposto: in seguito e come conseguenza, si svolge in lei l'amore dei parenti, l'amore del prossimo, l'amore pei connazionali, per l'umanità, l'amore infine per l'intera natura ed anche per la natura inanimata.

***

Ed ora di questa premessa vediamo la conseguenza. É certo che il delitto specialmente in quanto attacca *freddamente e premeditatamente* la vita è la incolumità delle persone è violazione di quel sentimento di pietà che madre natura scolpì nel cuore delle creature umane, e perciò talune di queste nate collo stigma della insensibilità morale trascendono alla strage ed allo scempio del proprio simile. E difatti *insensibilità morale* che confina con quella *bestiale* hanno riscontrato gli psicologi che con criteri positivi studiarono la criminalità, in coloro che - come con frase classica dicono i criminalisti - con *dolo di proposito* si rendono colpevoli di omicidi e di ferimenti. Ma se l'*insensibilità morale* è il carattere *psichico* più spiccato delle belve umane che freddamente premeditano e spietatamente consumano lo strazio del proprio simile senza provare la minima repugnanza a scellerare le mani nel sangue, non è meraviglia che di fatti così atroci la donna raro si faccia colpevole appunto perchè più che nell'uomo domina in lei l'istinto della *pietà* e della *benevolenza* e perciò quando commette reati di sangue, delinque più spesso per *dolo d'impeto*, che per *dolo di proposito*. Il provvido istinto della pietà ha molte gradazioni e dalla sua qualità rudimentale di *astensione* da qualsiasi atto che possa cagionare altrui *dolore morale o fisico*, - *pietà negativa* - sale al *piacere di beneficare*, finchè si eleva sublime a quella che dicesi *filantropia - pietà positiva -* che è sollecitudine indefessa di soccorrere alla sventura senza aspettare che questa venga a battere alle nostre porte, a denudare le sue piaghe, a far grondare le sue lagrime di sangue. Orbene, sia qualunque la graduazione dell'istinto della pietà, è un fatto che di questo la natura volle in modo particolare privilegiata la donna, la quale il più delle volte non si restringe a quella pietà che è puramente *negativa*, ma si slancia generosamente in quell'oceano di *carità operosa* che va a cercare il tribolato per mescere sopra le sue angosce balsamo e refrigerio. Ed eccola angelo consolatore negli ospedali vegliare al letto degli ammalati, addolcirne le amarezze, sollevarne i dolori, tergere il sudore della morte dalla fronte degli agonizzanti: correre tra il fuoco delle battaglie a sfidare mille pericoli per soccorrere i feriti e confortare i morenti: e qua rasciuga la spregiata lagrima della vedova derelitta, là raccoglie e sfama gli orfani abbandonati. Oh sublime poesia della carità, che nobilita e santifica la donna e fa veramente di lei la *carezza della vita*, la *soavità dell'affetto*, come diceva il grande Mazzini: sublime poesia della carità che si realizza, s'incarna nella sorella, nella sposa, nella madre, nella suora di carità spesso ingiustamente maledetta e talora anche vittima della propria pietà: sublime poesia della carità dinanzi a cui si commuove anche il freddo egoismo e che inteneriva il cuore persino del più fiero avversario del sesso femminile, Proudhon e gli strappava dalla bocca queste memorande parole: *o sante e coraggiose Donne! i vostri cuori hanno avanzato i tempi, e noi, miserabili pratici, falsi filosofi, falsi sapienti siamo responsabili della inutilità dei vostri sforzi. Possiate voi un giorno ricevere la vostra ricompensa!* Ed anche senza salire tant'alto non temo smentita se asserisco che non avvi opera di beneficenza cui non concorra volenterosa la donna. L'incendio incenerisce una contrada gettando nella miseria mille e mille disgraziati; i fiumi rompono i loro argini e inondano i campi strappando il pane dalla bocca ai miseri agricoltori; il terremoto abbatte le città accumulando ruine sopra ruine; il turbine impetuoso schianta le capanne e le case de' poveri campagnoli, travolge le cose loro, ne devasta le sudate glebe, e li getta colle famiglie sul lastrico; chi è che sollecita raccoglie l'obolo della carità per soccorrere a tante sventure se non la donna? E non è lei che gira di casa in casa, bussa di porta in porta, da tutti implorando aiuto per le vittime del disastro e insiste, prega, commuove finchè strappa qualche cosa anche dalle mani più avare? È questo sentimento altruistico di pietà così vivo nella donna che fa dire a Darwin che essa è capace di tenerezza maggiore che l'uomo, alla Stern che ama dall'infanzia fino alla vecchiaia senza desiderare altra felicità che quella di amare, a Thulliè che l'uomo è la *lotta,* la donna *l'amore.* La vita affettiva della donna cresce a dismisura colla maternità, e va per la bocca di tutti l'aforismo che non avvi amore più grande di quello della madre. E come dubitare di questa verità? Molti di voi pei quali la madre è - come per me - memoria santa del passato che vive indelebile nel fondo del cuore, vi sentite commossi al ricordo della sua inarrivabile tenerezza e voi felici che la possedete ancora avete la prova continua dei sagrifici eroici, dell'abnegazione generosa della quale è capace l'affetto materno. Oh vengano gli scettici e di fronte a colei *che presso la culla in dolce atto d' amore - che intendere non può chi non è madre - tacita siede e immobile* - neghino, se possono, l'immenso tesoro di affetti che si racchiude nel core della donna!

Ma non si creda che trascinato dalla foga del sentimento abbia perduto di vista l'indagine scientifica, perchè è appunto dalla *destinazione naturale* della donna alla maternità che scaturiscono i *sentimenti altruistici* spiccanti eminentemente nel sesso femminile e la *maggiore intensità* della sua vita affettiva. L'amore *naturale, spontaneo* verso la prole che circoscrive l'attività della madre nell'ambito ristretto della famiglia, nella quale per *necessità fisiologica* deve nutrire e crescere i propri figliuoli, *necessità fisiologica* che si avvera anche negli animali rispetto ai propri parti, è la via che conduce la donna al mondo ed alla società. E poichè il cardine su cui s'imperna principalmente la sua vita è *l'affetto*, sopra a tutto coordina a questo i suoi sentimenti e le sue aspirazioni. È così che dall'*altruismo materno* scaturisce la *pietà*, la *simpatia* verso i *simili*, considerati come tali prima gli uomini della stessa tribù, poi quelli della stessa razza e finalmente l'intera umanità senza distinzione di colore e di civiltà. Il contrario accade nell'uomo. In lui prevale l'*energia nerveo musculare* da cui è tratto al *lavoro meccanico*, il quale secondo leggi generali, mediante forze generali si propone di ottenere grandi effetti, e da ciò l'estensione molto maggiore della sua attività. Propria dell'uomo - osserva benissimo lo Schaffle - è la soddisfazione di dare un ordine organizzatore alla vita: il sentimento di collaborare con altri aventi lo stesso pensiero in servizio dell'*universalità*. Perciò appunto la sua azione, più che nella cerchia della famiglia, si svolge al di fuori, ed essendo il moto e la lotta il suo esercizio tanto corporeo, quanto intellettuale, si foggia un'immagine del mondo tutto ostacoli e contrasti contro cui deve lottare ed energicamente lottare per conseguire la vittoria, e non vi scorge alito nessuno d'affetto. D'onde ne viene che in lui è più tardo lo svolgimento dei *sentimenti altruistici* ed anche quando questi sonosi sviluppati, preoccupato sempre del mondo di fuori assai più che delle intime emozioni dell'animo, questi sentimenti imprimono in lui orme assai meno profonde. Nettamente riassume questi concetti Scipio Sighele nel suo libro « la donna nuova » e credo davvero che valga la pena a schiarimento maggiore di quanto ho detto testè, riportarne testualmente le parole :

Mentre l' uomo ha un campo molto vasto su cui portare i suoi sentimenti ed i suoi pensieri, la donna non ha, nella società attuale che il campo molto limitato della famiglia. Un uomo vive, combatte, teme, spera per delle IDEE *e per delle* COSE, *oltre che per delle* PERSONE. *Egli* DIFFONDE *la sua affettività su moltissimi individui; ella la* CONCENTRA *su pochi: il marito (o l' amante) dei figli: ed è quindi naturale e, direi necessario che questa sua affettività appunto perchè* MENO DIFFUSA, *sia* PIÙ INTENSA - *intensa così nel bene, come nel male - e che il suo cuore abbia bagliori d' incendio ed oscurità di caverna, slancii sublimi di tenerezza, e scoppi brutali di crudeltà raffinata.*

È vero che a questa genesi evoluzionista dell' altruismo femminile si può opporre, che se spiega il manifestarsi del sentimento della pietà dopo che la donna è divenuta madre, non dà ragione della preesistenza di questo istinto alla maternità, nè questo rilievo sfuggì alla critica acuta di Colaianni e di altri. Però vi si risponde vittoriosamente col fatto che appunto per la sua predisposizione alla maternità la donna è disposta per natura, assai più che l' uomo non sia, ai sentimenti di umanità, di compassione, di carità, di conciliazione, e stante la sua *organizzazione fisiopsichica* è tale fino dall'infanzia. È certo poi che la benevolenza e la pietà femminile ingrandisce di molto coll'atto della *maternità* e con quello ancora più *affettivo e socializzante* - come lo dice Vignoli - dell'*allattamento*, mercè del quale si sviluppa in lei più squisitamente che nell' uomo quel complesso di *sentimenti altruistici*, che sono la caratteristica principale della vita femminile. La statistica non è muta su questo proposito, ma fa palese che tra le *delinquenti*, le nubili e quelle che mai furono madri superano di molto quelle maritate con prole. Nè basta: anche l'etnografia avvalora i resultati della statistica. Spesse volte invero le donne dei selvaggi dell'Africa e dell'America mosse unicamente da sentimento di pietà intercedettero a pro dei prigionieri europei e risparmiarono loro i dolori e gli strazi a cui erano destinati. E non è questa una prova assai eloquente del maggiore altruismo, della più raffinata delicatezza di sentimenti del sesso femminile? Ne si ricordino gli scempi infami, le mutilazioni crudeli commesse dalle donne africane contro i nostri poveri soldati dopo le funeste giornate di Dogali e di Saati e forse anche dopo la sanguinosa ecatombe di Abba Garima. Molto si deve concedere all'ebbrezza forsennata della vittoria, assai più prepotente dell'istinto naturale della pietà; ma avvi anche di più. L'istinto della pietà non si sente che per i *propri simili* e per i barbari non sono *propri simili* uomini di *razza diversa* e *molto meno i nemici*. Ora in quelle sabbie fatali i nostri non solo erano gente di *razza diversa*, ma anche *nemica*. È questo fatto che spiega la barbarie delle donne abissine. Nè si dica lambiccata od artificiosa questa spiegazione, poichè le vere e sapienti osservazioni del Garofolo confermate di recente da Franklin H. Giddings e ripetute da tutti i sociologi, la giustificano punto per punto. Perchè le donne d'animo così mite e benevolo non solo non si commuovono, ma provano intimo compiacimento quando l'autore di qualche esecrabile delitto è condannato alla morte? Non per altro che per questo: che quando vediamo un individuo sfornito affatto degli istinti morali elementari, noi appunto perchè *umani* e *pietosi* non ci sappiamo adattare a riconoscerlo *per nostro simile,* e perciò non possiamo provare per lui *nessuna simpatia*. E potevano forse le donne africane considerare *per loro simili* persone d'istinti non solo del tutto diversi da loro, ma che per sopra più impugnavano le armi contro i loro padri, contro i loro mariti, contro i loro fratelli? Ma con questo ricordo non voglio inasprire di più piaghe sanguinanti ancora; passo ad un altr'ordine d'idee.

Se infatti dell'intensità maggiore della vita affettiva femminile, che ha tanta parte nella minore criminalità della donna, si voglia ancora una prova, per quanto bisogni cercarla in una delle più ferali malattie che straziano il consorzio sociale, nel suicidio, questa prova non manca di certo. È vero pur troppo quel che diceva Legoyt, che noi usciamo di questo mondo per tre porte: la prima di proporzioni colossali per la quale passa una folla infinita di gente: è la porta delle malattie: la seconda di proporzioni più modeste e che pare rimpiccolirsi di giorno in giorno; è quella della vecchiaia: la terza di apparenza sinistra, tutta chiazzata di sangue che si allarga ogni giorno di più: è quella del suicidio. Orbene per questa orribile porta escono di vita per amore moltissime donne, pochi uomini i quali per lo più fanno strage di sè per miseria o per dissesti finanziari. Infatti in Italia negli anni 1875-76-77-78 si ebbero 569 suicidi di femmine per 2516 di maschi, ma nei suicidi per amore la donna, diede il 71, il 74, il 75 per cento e l'uomo 18, il 20 ed il 40 per cento. In Francia 25941 suicidi si divisero in 19982 maschi e 5969 femmine; queste però diedero 172 suicidi, ossia il 28 per cento per amore, mentre i maschi ne diedero 134 cioè il 7 per 100. Che se la donna per amore si spinge a far getto della vita assai più che l'uomo non faccia, conviene inferire che ciò avviene perchè - come diceva la Stael - l'amore è per lo più un aneddoto nella via dell'uomo, è invece l'avvenimento più grave, tutta la storia per la povera donna.

In ragione diretta della maggiore pietà della donna scema la sua criminalità. Infatti l'omicidio e il ferimento per *libidine di sangue*, o come col Codice toscano lo qualifica il nostro *per brutale malvagità*, che nella spietata famiglia dei delitti contro la persona è il più efferato ed il più disumano, e del quale Jak il feroce sventratore di donne è l'orribile prototipo, suppone l'*assenza assoluta* del sentimento di pietà. Orbene tutte le statistiche fanno noto che a questa terribile forma di criminalità la donna presta un contingente minimo, e così la statistica francese che di poco differisce da quella delle altre nazioni europee, attesta che degli uomini uccide o ferisce per brutale malvagità il 6,2 per cento, delle donne appena il 3 per cento ferisce per libidine di sangue; quasi nessuna uccide per brutale malvagità. Dunque il *mostro umano* s'incarna quasi sempre nell'uomo, rarissimo nella donna e la brigantessa Antonina efferata esecutrice della sua banda che interrogata rispondeva « *oh voi non sapete che piacere si prova a piantare un pugnale nel petto d'un uomo* » si può dire quasi unica nella storia della ferocia umana. Parimenti l'omicidio premeditato indizio sicuro di malvagità di animo e d'insensibilità morale è più frequente tra gli uomini che fra le donne, le quali secondo i dati statistici ne commettono otto volte di meno di quelli. Un fatto della massima importanza e che rivela nella donna istinto di sensibilità morale più fino e più delicato è questo, che la delinquenza femminile diviene rapidamente minore a misura che si sale nella scala criminosa e cioè dalle Preture ai Tribunali e da questi alle Corti di Assise: tra i condannati da queste le donne in Italia arrivano appena al 6.38 per cento. Dall'annuario statistico del 1886 ricavo che dalle Preture furono condannati 280810 individui de' quali 229611 uomini - 81.77 per cento - e 51199 donne - 18.23 per cento - dai Tribunali penali 63162 uomini - 92.04 per cento - e 3465 donne - 7.96 per cento - dalle Corti di Assise 4335 uomini - 93.62 per cento - e solo 297 donne - 6.38 per cento. Questi dati si possono prendere come cifre-normali intorno alle quali il movimento della criminalità non presenta notevoli oscillazioni nè prima nè poi.

La statistica francese ci offre - è vero - una cifra più elevata della delinquenza femminile superiore e attesta che una metà delle donne delittuose lede la proprietà, un terzo commette infanticidi, ma resta sempre il fatto che la criminalità delle donne diminuisce mano mano che si sale nella scala criminosa e in quelle truci tragedie che si svolgono nelle Corti d'Assise e che spesso sgomentano la pubblica opinione, raro è che la donna figuri come protagonista. Sopra una Trossarello fredda mandante di uxoricidio, trovi mille Formilli, che gettano la moglie ne' gorghi del Tevere, strappando la madre ai propri figliuoli per darsi in braccio di drude svergognate, mille carnefici del proprio simile per derubarlo di poca moneta. Ma se dalla statistica si ricava che la criminalità femminile scema a misura che si sale nella scala criminosa, che è quanto dire a misura che i delitti divengono più gravi, si può ragionevolmente concludere con Tarde che la donna è disposta al bene assai più che l'uomo non sia.

Però contro la pietà femminile superiore a quella maschile e riconosciuta da molti come causa della minor criminalità della donna si oppone da taluni la frequenza nella femmina del veneficio, del parricidio, dell'infanticidio e se ne inferisce che non vale niente meglio dell'uomo. È vero che secondo i dati della statistica francese nei venefici la parte delle donne è precisamente il doppio di quella degli uomini; non nego che fanno raccapricciare le tetre figure della Mary che avvelena coll'arsenico 14 figli ed un fratello, della Lamb che propina il tossico al marito, ai figli, ad un'amica e perfino ad una vicina, della Zwanzinger che spegne col medesimo mezzo persone di servizio e compagne; tuttavia non credo che le opere bieche di queste scellerate provino che è una falsa aureola il maggior istinto della pietà attribuito alla generalità delle donne. Poichè in un reato di sangue tutta la malvagità dell'agente sta nel proposito freddamente premeditato di fare strage del proprio simile, non nella qualità del mezzo adoperato per attuare il pravo divisamento. Per me colui che uccide di veleno il proprio nemico non è più malvagio di quello che lo aspetta alla cantonata e gli immerge nel core il ferro omicida; perciò credo che rettamente la sapienza greca uguagliasse il veneficio a qualunque altro omicidio premeditato. Che se le leggi dichiarano *qualificato* l'omicidio perpetrato colle sostanze venefiche e ne aggravano - come il nostro Codice - giustamente la pena, ciò non avviene perchè la *quantità naturale* del malefizio pesi di più sulle bilance della giustizia sociale, poichè il mezzo col quale è consumato un delitto non aggiunge neppure un atomo alla sua intrinseca malvagità, ma perchè è maggiore la sua *quantità politica* attesa la *minorata potenza della difesa* da parte della vittima, che il più delle volte si trova del tutto disarmata di fronte agli accorgimenti, alle coperte vie, alle insidie diaboliche dell'avvelenatore. Cosicchè una volta che di fronte a poche donne che avvelenano prepondera un numero molto maggiore di uomini che fissato lo scempio della vittima si valgono di modi e d'istrumenti non meno insidiosi e letali per compierla, rimane sempre al sesso maschile la bieca preferenza nell' *insensibilità morale*, nè si può dal veneficio argomentare contro la pietà femminile. Che poi la donna combatta sovente con questo mezzo feroce nel campo della criminalità, è la cosa più naturale del mondo, e la ragione di questo fenomeno è *tutta fisiologica*, come avvertiva già Quetelet e come ha recentemente ripetuto Scipio Sighele. *L'essere debole* - riporto le parole di quest'ultimo scrittore - *e tale è la donna, deve per necessità servirsi di mezzi che valgano a paralizzare le facoltà di chi è forte. Bisogna esser volpe per poter vincere, qualche volta, il leone.* Ecco perchè essa ai mezzi aperti e leali preferisce il tradimento e l'agguato, al pugnale ed alla rivoltella il veleno; ma lo ripeto anche una volta, non è il mezzo adoperato per compiere il delitto quello che prova *la maggiore o minor pravità* del delinquente. Del resto si ricordino pure le 170 matrone romane, le quali sappiamo sulla testimonianza di Livio che furono condannate per venefizio, la Lafarge, la Carracioli, la Costanzo, la Conti-Spina e le altre che consegnarono i loro nomi ed i loro misfatti alla storia terribile dell'umana perfidia, ma non si dimentichi che dettero a questo delitto - omai fortunatamente scemato mercè i progressi della chimica - non lieve contributo uomini di non comune cultura, medici e chimici: che accanto alla Brinvilliers finita per le mani del boia rea convinta di molteplici venefici, spicca di luce sinistra il suo truce maestro, il cavaliere di Sainte Croix complice non solo di questa, ma autore di molti venefizi per conto proprio: che accanto alle Lucrezie Borgia tristi propinatrici di pozioni avvelenate, imperversano i Cesari, che non adoperano il veleno soltanto, ma lo stocco, la corda, il tradimento e l'agguato per consumare assassini e fratricidi. Quanto all'infanticidio è certo che prepondera nelle donne, e che spesso è la madre la carnefice della sua prole, ma si rammenti che nel reato entrano complici la natura e la società e si troverà che non è tutta rea la infanticida, ma infelice ancora. Chi ignora infatti le idee che predominano nelle moderne società civili riguardo alle fanciulle madri? L'uomo seduce una povera incauta che per amore cede alle sue voglie e la società non ha un rimprovero per lui: i più troveranno che questa è la cosa più naturale del mondo e con cinica indifferenza ripeteranno il trito ritornello « *l'uomo è cacciatore* ». Non perde niente nella pubblica stima, può aspirare lo stesso agli uffici sociali, darsi una moglie, formarsi una famiglia in cui forse i figli dell'unione legittima sguazzeranno negli agi e nella ricchezza, mentre il figlio della colpa languirà nella miseria, perchè non può pretendere niente dal suo padre naturale, neppure il misero tozzo di pane per cavarsi la fame : la legge gli nega inflessibilmente la ricerca della paternità. Per la donna la cosa è diversa assai. Cadde e la società, beffardo Mefistofele, le sputa in faccia e le grida « tu sei perduta ». Non agogni il velo nuziale, le dolcezze della famiglia, le gioie ineffabili della legittima maternità; sono beni riserbati a quelle che conservarono immacolata la purezza nativa; per lei povera caduta lo scherno, il dileggio e forse la prostituzione. E poichè le cose stanno proprio così chi non vede che il consorzio sociale concorre potentemente a spingere questa disgraziata all'eccidio della sua prole? E se nel cozzo terribile del sentimento dell'onore con quello dell'amore materno, il primo prende il sopravvento si dovrà dire inesorabilmente che l'infanticida è una iena? Chiamatela incauta, ditela sciagurata, ma non la dite una belva umana. Eppoi non esagerazioni positiviste, ma neppure ostinato diniego di *fatti fisiologici* accertati dalla scienza. I positivisti e tra questi di fresco il Prof. Avv. Vincenzo Mellusi nel suo libro *la madre delinquente* - Roma Loescer 1898 - vanno fino al punto di sostenere che la *fanciulla madre* sotto l'*eccitamento nervoso* derivante dalla gravidanza e dal parto trovasi in *istato d'incoscienza* e perciò non *reclusione* per le infanticide, ma *relegazione* in una *colonia* o *villaggio remoto*. E questo è troppo, per quanto sia conseguenza logica delle *dottrine deterministe* e della *indipendenza assoluta* della *responsabilità giuridica* da quella *morale* che sono i capisaldi della moderna *scuola positiva*. Ma siasi fautori quanto si vuole della *libertà morale* ed abbiasi pure per eresia scientifica *la negazione del libero arbitrio*, che porta inevitabilmente con sè la *distruzione della responsabilità morale* de' propri atti, è innegabile che quella *libertà* e per conseguenza anche questa *responsabilità* può essere *grandemente minorata* e talvolta cancellata del tutto dall'energia di certi fatti che più o meno poderosamente agiscono sulla *psiche umana* e di fronte a cui la *forza di resistenza* della volontà o è *nulla*, o *svigorita di molto*. Orbene non può cader dubbio che la *fanciulla madre* nel momento del parto deve lottare, e terribilmente lottare tra una piena di tenerezza che le scende al cuore, e la vergogna che le sconvolge il cervello, e trovarsi perciò in uno stato di commozione profonda, e forse anche di frenesia disperata ; commozione che, dice benissimo Carrara sulle orme di Casper, di Pinel e di altri fisiologi, aumenta *di energia e d' intensità* sia per *l' afflusso maggiore* del sangue al cervello, sia per *l' esaltazione di tutto il sistema nervoso*, conseguenze queste inevitabili delle naturali fatiche del parto. Perciò l'infanticidio tanto è lontano dal provare cancellati nella donna gli affetti e la pietà che tutti i criminalisti dal ferreo Farinaccio al mite Carrara, tutti i legislatori da Gregorio XVI al Codice nostro, riconobbero giusto ammettere a pro dell'infanticida per causa d'onore una minorazione di pena. E sì che il regolamento penale gregoriano ispirato a rigidi criteri di morale teologica non era così facile a scusare i malefizi! Il parricidio poi è una esagerazione affermare che prepondera nella donna. Trovo infatti che le rilevazioni di Quetelet sulle quali si fonda Colaianni ed altri con lui per combattere la superiorità femminile in fatto di sensibilità morale, danno i seguenti resultati. Dal 1826 al 1831 si ebbero in Francia 4250 parricidi, autori de' quali per 2648 furono gli uomini, per 1602 le donne : cosicchè il 50 per cento che colpisce questo scrittore non è ricavato dal confronto colla criminalità maschile, sivvero colla delinquenza femminile molto più bassa. Pertanto fatti bene i conti resta sempre all'uomo la ferale superiorità in un reato tanto atroce, per cui Solone e Romolo non dettarono sanzione penale alcuna avendolo giudicato cosi repugnante all' umanità da essere impossibile ad avverarsi. Ma se la donna malgrado la maggiore facilità di commettere questo reato perchè la sua vita è circoscritta nell' ambito della famiglia, ragione per cui ritiene Quetelet che avvenissero molti dei parricidi consumati dalle donne francesi nel periodo di tempo specificato di sopra, sta anche in questo al disotto dell' uomo, parmi se ne possa trarre argomento favorevole anzichè contrario alla pietà femminile. Quelli poi che come Lombroso e più recentemente Scipio Sighele deducono dalla statistica criminale che la psicologia della donna è *la psicologia degli estremi,* perchè se talora si eleva al sommo dell' eroismo e della virtù, tal'altra precipita in abissi ne' quali l'uomo non cade, non credo sieno nel vero. Sia pure che talvolta s' incontrino Erinni feroci *di sangue tinte,* adultere Messaline, Taidi svergognate colpevoli di atroci delitti, ma avvene alcuna nella tragica storia della criminalità femminile che pareggi la fredda e spietata crudeltà di Tropmann assassino per esecrata cupidigia di denaro, dei coniugi King e de' loro cinque figliuoli? Che uguagli il bestiale Verzeni barbaro strangolatore di femmine e sozzo violatore de' loro corpi mutilati? Donne di tanta perfidia la statistica non addita e gli annali del malefizio non registrano nomi di femmine che sieno arrivate ad eccessi cosi disumani. D'onde a ragione, conclude Colaianni, - che non è certo partigiano della prevalenza del sentimento della pietà nel sesso femminile, - che non può consentirsi che nella donna la perversità, quando esiste, è in grado maggiore che negli uomini.

Ma, diceva bellamente, non ricordo quale poeta tedesco, che il core della donna è lampada da cui traspare il lume di

Dio. E vero: dall'alabastro traluce la fiamma che dentro risplende: però il vaso è fragile e non sempre resiste all'urto de' corpi più duri. Le passioni tumultuano impetuose anche nell'anima della donna e talora la trascinano al delitto. Ma sapete qual sia la febbre che in lei freme di più? Prendete in mano la statistica e tosto ve lo dirà. È l'amore! L'amore, Proteo novello, cambia sovente di vesti e di forme: è *furibondo* in Seilan che squarcia il petto al drudo della moglie sua, gli strappa il core e lo dà fiero pasto all'amante; è *disperato* in Coreso che si toglie la vita perchè non corrisposto dalla sua Calliroe, è *pietoso* nell'amante infelice di Luigi XII la quale muore di malinconia al solo ascoltare che l'idolo suo è colpito da malattia letale: *artistico* in Berthol che diviene pittore per rappresentare l'immagine della sua cara perduta; *delittuoso* in mille sciagurate che o colpiscono il loro amante, od uccidono le loro rivali o sfregiano col vetriolo i propri seduttori. Orbene il linguaggio delle cifre palesa che mentre degli uomini solo l'1 per cento delinque per amore, fra le donne il 5 per cento sono tratte sul banco de' rei da questa passione, e Lombroso profondo conoscitore della psiche criminale ci fa sapere che la causa più frequente della criminalità femminile è *l'amore deluso*. È vero che anche in questa specie di criminalità l'impulso al delitto può non essere *subitaneo*, ma covare *da lungo tempo* nell'animo del reo e associarsi alla *premeditazione*, ma per quando concorra questa circostanza aggravante, tenuto conto del movente del malefizio, la premeditazione non può valere come elemento di prova di *crudeltà istintiva*. Ed appunto perchè i delitti per amore traggono origine non da *malvagità di animo* o da *perfidia di cuore*, sivvero da *esaltazione* di un *affetto naturale;* nella loro *quantità morale* e *giuridica* pesano meno di quelli che hanno per substrato la violenza di *passioni brutali*. È per questo che i criminalisti anchè più severi, quali Farinaccio, Carpsovio Boemero, Renazzi proclamarono concordi doversi attenuare la penalità in quei malefizi che hanno per movente l'amore, anche se sieno premeditati. Per quanto però non sia impossibile la premeditazione anche nei delitti che muovono dall'amore, questi per lo più sono determinati da *dolo d'impeto* e preponderano in quell'epoca della vita umana in cui la passione e la potenza dell'amore prevale su tutte le altre ed è meno combattuto dalla ragione. E qui il numero delle donne relativamente agli altri reati sorpassa quello degli uomini del quadruplo; cosa che conferma quello che affermai da principio che la donna delinque più per *dolo d'impeto*, che per *dolo di proposito*

Passando ora ad altro tipo di criminalità, a quella di coloro che aggrediscono le diverse specie di proprietà, comincio dal notare che qui il coefficiente sociale del malefizio manifesta in modo più sensibile la sua efficacia, ma neppure ai delitti mossi da fine di lucro rimane estraneo l'elemento individuale preesistente nell'organismo umano. Poichè a parte quella forma morbosa, che dicesi *cleptomania*, non si può dubitare che l'istinto del furto domini in molti individui o per eredità o per atavismo, e che spesso costoro presentino anche nella fisonomia tali caratteri che li distinguono dagli altri delinquenti. Per altro anche in fatto di reati contro la proprietà la donna paga alla delinquenza un tributo minore di quello dell'uomo, perchè predominano in lei i sentimenti della *vergogna* e del *pudore*, che sono i più vigili ed efficaci custodi della *probità*. Questo pregio grandissimo del sesso femminile fu negato da molti positivisti, che si sforzarono di sfrondare con pochi dati statistici quell'aureola di pudicizia della quale tutti i popoli civili, dalla più remota antichità, circondarono la donna. Tuttavia che il sentimento del pudore possa fortemente in lei è fatto palese dall'esperienza quotidiana. Anzi anche nelle meretrici il pudore ha le sue esigenze e pure nel lezzo della mala vita - dirò con Mantegazza - vedesi lampeggiare qualche diamante che nè il fuoco della lussuria seppe bruciare, nè il fango della simonia amorosa deturpare del tutto. Ma dato pure che le donne perdute manchino affatto di verecondia, sarà lecito inferire da ciò che il pudore è una larva menzognera inchiodata dall'interesse e dall'impostura sui volti femminili? Che se talune non trovarono nel pudore usbergo valevole a sottrarle agli allettamenti del vizio, come negare che ne furono molte le quali appunto dal pudore attinsero l'energia necessaria per reagire contro le seduzioni del male e conservare senza macchia l'onore e la dignità del loro sesso? Diasi dunque l'ostracismo a quel cinico scetticismo, che non sa vedere se non simulazione ed ipocrisia nel casto rossore che invermiglia le gote delle nostre mogli, delle nostre fanciulle, solo che veggano atto meno che corretto, solo che ascoltino parola meno che onesta. Orbene in base alla statistica si noverano soltanto 26 donne su 100 uomini - secondo i dati raccolti da Quetelet - negli accusati di delitti contro la proprietà. Dal minor contingente, che presta la donna alla delinquenza contro la proprietà si dedusse a ragione che il sentimento della *probità* è più forte in lei, che nell'uomo; ma non a tutti andò a genio questa deduzione, e si fece una minuta analisi della criminalità femminile, che ha per impulso il lucro, per venire alla conclusione che neppure sotto l'aspetto della probità il sesso femminile vale di più di quello maschile, poichè nei reati contro il commercio si arriva all'*uguaglianza* fra i due sessi, nei furti domestici le donne *superano* gli uomini. Però quanto ai primi si affermò cosa non vera, perchè i dati statistici raccolti da Quetelet, nè contradetti dalle rilevazioni successive, attestano che su 100 *banca-*

rottieri fraudolenti hannosi soltanto 17 donne, e in tutto il periodo osservato, il rapporto tra la criminalità de' due sessi nel suddetto reato oscillò da 100 a 21 o a 17 e cioè da circa 5 o 6 ad 1. Allargandosi poi le ricerche ad altre specie di reati che più o meno direttamente si riattaccano al commercio, come al falso nummario, alla contrafazione, al falso per supposizione nelle scritture private e via dicendo, il rapporto tra la criminalità maschile e quella femminile discende ancora, perchè su 117 uomini, colpevoli di simili delitti, si contano solo 11 donne. La quale condizione di cose, certo devesi convenire che in gran parte dipende dalla partecipazione minore della donna alla vita economica e commerciale, ma non si può escludere che anche l'azione meno energica del fattore individuale contribuisca per qualche cosa a determinare questa minore *delinquenza specifica*, e molto meno gridare la croce addosso a chi crede - non contradetto in questo dai fatti statistici - alla *maggiore intensità* del *sentimento della probità* nel sesso femminile. E quanto ai furti domestici è vero che il 60 per cento sono consumati da donne, ma questo fatto dice ben poco contro la *generica probità femminile*. Poichè nella turpe famiglia dei reati che procedono da avidità di lucro, non figura soltanto quella forma speciale di furto che, attese le relazioni di servizio tra il ladro ed il derubato, prende nome di *famulato* : avvi il ricatto, l'estorsione, la frode, il falso, l'appropriazione indebita, il peculato, che ai giorni nostri è molto di moda anche nel ceto dei Commendatori. Ora i dati statistici raccolti da Quetelet assodano che sopra 10677 delitti contro la proprietà consumati in Francia dal 1826 al 1831, se ne hanno solo 2249 commessi da donne, e poco su poco giù questa enorme differenza esiste anche di fronte alle statistiche più moderne. E se così stanno le cose, perchè sceverare dai delitti derivanti da cupidigia il solo famulato per concludere contro la probità femminile? Si risponde:

perchè è l'occasione che manca alle donne, non la volontà e- le serve, che hanno facilità di fare man bassa sulle robe dei loro padroni, lo fanno senza nessuno scrupolo. E via... Sia pure che i vuoti di cassa ed i peculati di milioni sieno monopolio dei pezzi grossi più o meno decorati; che i furti violenti o di destrezza della bassa schiera dei ladri volgari, ma le appropriazioni indebite, le proteiformi figure degli altri furti, le frodi ed altri delitti contro la proprietà sono alla portata, tanto degli uomini, che delle donne, e se queste se ne rendono meno di frequente colpevoli, questo fatto significa che non è l'occasione soltanto, non è solo l'ambiente sociale della donna, che determina la sua inferiore criminalità anche nei reati provenienti da fine di lucro, ma anche qualche cosa che è dentro di lei, che forma sangue del suo sangue, carne della sua carne, e questo qualche cosa altro non è, altro non può essere che la sua individualità fisica e morale e sopra a tutto l'*istinto della probità* custodito dal sentimento della vergogna e da quello del pudore, che a ragione affermava Quetelet, essere più forti nella donna che nell'uomo.

Ma si soggiunge che nella criminalità minore la donna si avvicina all'uomo, perchè dal 6,38 per cento va al 18 per cento nei delitti di competenza pretoria. Quest'argomento non dice niente contro la probità femminile. Perchè a parte che nella competenza pretoriale entrano molti delitti di pura creazione politica, come le contravvenzioni, spetta ai Pretori il giudizio nelle cause d'ingiuria, e le donne - non parlo di quelle di eletta educazione e di squisito sentire, come siete voi che mi ascoltate, per le quali si potrebbero abolire Procuratori del Re e Giudici penali di ogni grado, ma delle donne in genere - tra i molti pregi hanno un difettuccio, e voi, Signore gentili, datemi di buon grado l'assoluzione se commetto il peccato mortale di dirvelo. Non sanno così bene come molti uomini adoperare lo stocco, i grimaldelli, le false chiavi, ma maneggiano egregiamente la lingua, cosa che dette occasione al lepido Guadagnoli di affermare poetando, che le donne, col crescere degli anni, perdono il fiore della giovinezza, i denti, i capelli,

le grazie, il buon umor, gli scherzi gai,
ma quanto a lingua non la perdon mai.

Senza di che le baruffe femminili nelle quali figurano la scopa, la rocca, il lasagnolo, le unghie ed altre simili armi sono frequenti, e frequenti tanto che dettero argomento persino ad una leggiadra e briosa commedia del Principe dei Comici nostri; e di queste commedie reali della vita umana spesso l'ultimo atto si svolge in Pretura. Ma siamo giusti; queste quisquilie paleseranno una certa eccitabilità ed irascibilità della donna, ma non rivelano davvero corruzione di cuore o malvagità di animo. Malvagità di animo, che resta esclusa dalla statistica delle recidive; perchè le donne che, espiata la pena, delinquono di nuovo, o nello stesso reato e in delitti congeneri, sono ben poche; nè ciò si può attribuire al regime carcerario - come hanno detto molti, e come ripete Colaianni - perchè le prigioni sono piuttosto fomiti di corruttela, che mezzo di correzione; ma la vera ragione scientifica di questo fenomeno sta in ciò, che il sesso femminile per lo più delinque - come fu visto - per impeto e quelli che per impeto trascendono al delitto sono i soli, che dieno il massimo dell'emenda e quasi il 100 per 100 secondo le statistiche svedesi e prussiane.

※
※ ※

Quanto al fattore antropologico molti, anche tra i positivisti, non solo non ammettono che abbia influenza sul fenomeno della minore criminalità della donna, ma arrivano sino a negare che questo fattore concorra in qualsiasi maniera a costituire il malefizio. Per altro credo che questa sia una esagerazione causata dalla soverchia facilità con la quale taluni antropologi - non escluso Lombroso - da pochi dati si spinsero a conclusioni troppo generali e - diciamolo franco - talora troppo ardite. E per verità certe rilevazioni troppo minuziose, nè avvalorate sempre da larga corrispondenza coi fatti, sembrano fatte apposta per screditare talune affermazioni della scuola antropologica anzichè acquistarle seguaci. Giovani innamorati cui seduce il fascino dei lussureggianti capelli state in guardia: sotto la malia delle trecce brune e delle chiome bionde si cela niente di meno che uno dei caratteri più spiccati della donna delinquente: e misurate bene la fronte delle vostre belle perchè il diametro frontale minimo prevale nelle criminali. E i denti? La dentatura d'avorio cantata da tanti poeti ed uno degli ornamenti più belli del sesso gentile, non è scevra d'inconvenienti; i denti incisivi mediani soverchiamente sviluppati rivelano il germe criminale. E prima di fidanzarvi non vi scordate di dare un'occhiata alla lunghezza delle braccia della vostra promessa sposa, di squadrarle bene il piede per vedere se è piatto od arcuato, perchè altrimenti correte rischio d'impalmare una donna tagliata per la reclusione. Ma a parte queste ed altre minuzie, che, secondo me, sanno d'esagerazione lontano un miglio, sono convinto che la scuola antropologica abbia assodato molte verità positive da cui può trarre grandissimo vantaggio il sociologo ed il criminalista: tanto vero che l'alto intelletto di Francesco Carrara, tenace fino alla morte del suo meraviglioso sistema penale, non disconobbe che la scuola antropologica contribuirà non poco alla più esatta determinazione della teorica del grado del delitto. E difatti i fenomeni della *vita fisica* - come già intravidero gli antichi, e come ha *provato scientificamente* la *psicologia* e l'*antropologia moderna* -

sono talmente legati a quelli della *vita morale*, che le manifestazioni di questa sono sempre *influenzate* e talvolta anche *determinate* dalle condizioni di quella, sia che queste *condizioni fisiche* agiscano direttamente dall'*esterno* dell'organismo, sia che sussistano, o si svolgano nell'*organismo medesimo*. Or bene tra i fatti accertati dall'antropologia credo indiscutibile questo, intuito già dal genio del Cremani sebbene tutt'altro che positivista, che ciascuna persona nello svolgere i propri atti, nello spiegare la propria individualità subisca l'azione del proprio organismo fisico più o meno impressionabile dagli agenti esteriori che operano sopra di noi ed anche più o meno sensibile alle tendenze ed agli impulsi che si agitano nelle nostre fibre, ne' nostri nervi, in tutta insomma l'intima nostra persona. Nè parmi di molto peso il rilievo messo innanzi da Lucchini e ripetuto da Colaianni, allo scopo di escludere l'influenza del fattore antropologico sulle nostre azioni, che la donna, secondo i dati dell'antropologia concentra in sè la maggior parte dei caratteri propri dei delinquenti e tuttavia dà contributo minore alla criminalità; perchè questi scrittori trascurano di far calcolo della differenza del sesso, che può modificare e modifica di fatto le tendenze e gli impulsi della fisica costituzione. Anzi a questo proposito mi pare molto assennata l'osservazione di Lombroso, che nella donna essendo meno attiva che nell'uomo la corteccia cerebrale, specialmente nei centri psichici, l'irritazione provocata dalla degenerazione vi si fissa meno costantemente e meno tenacemente e produce con più facilità l'epilessia motoria ed isterica o l'anomalia sessuale, anzichè quella criminale. Oltre a ciò parmi opportuno notare a questo proposito che Marro ed altri scienziati d'incontestabile competenza, si spingono fino a sostenere che l'uomo e la donna non sieno *i campioni di un tipo unico*, ma rappresentino invece *due tipi antropologici diversi*, sia per lo sviluppo di tendenze diverse, sia per l'azione di cause differenti, le quali accentuano sempre di più questa *diversità tipica*. Profano affatto a simili ricerche antropologiche non posso nè voglio pronunciarmi su quest'arduo tema, per quanto mi sembri che la differente costituzione fisiologica tra i due sessi giustifichi le conclusioni del Marro e degli altri che professano la stessa dottrina. Ma sia comunque, non credo trascurabili le recenti ricerche di Ferri, di Ferrero e dello stesso Lombroso, le quali accertano decisamente l'inferiorità fisiopsichica del sesso femminile in confronto di quello maschile: inferiorità fisiopsichica spiegata dal fatto che un essere, il quale altri ne procrea, non nell'ebbrezza passeggera di un contatto voluttuoso, ma nel sacrifizio organico e psichico della gravidanza, del parto, del puerperio e dell'allattamento, non può conservare per sè tutta l'energia organica, ma deve in questa restare al di sotto del sesso virile, che nella riproduzione della specie compie una funzione di assai minor gravità. Da ciò la minore forza muscolare della donna - inferiorità riconosciuta da tutti - ed una causa non trascurabile - come rileva lo stesso Quetelet - della sua minor delinquenza. D'onde quei misfatti ne' quali prevale l'audacia, la robustezza delle membra, sono rarissimi nelle femmine perchè non si confanno alla loro indole naturale. E così si spiega il fatto accertato dalla statistica che nelle resistenze, nelle grassazioni, nelle associazioni di malfattori il sesso maschile ha la massima preponderanza e le donne non vi figurano che come manutengole, segnalatrici od amanti. Sono perciò casi eccezionalissimi quelli di bande brigantesche capitanate da donne della tempra di Luigia Bouviers che nel 1828 comandava circa 40 ladri: più rari ancora i casi di associazioni esclusive di donne, come quella di ladre e di prostitute condotte dall'ex vivandiera Lina Mondor, e sono i Laschi, i Gasparoni, i Mastrilli, gli Ansuini, i Tiburzi soltanto, che sbuccano, come belve, dai boschi a malmenare e spogliare i poveri viandanti sulle pubbliche strade.

*

E l'ambiente sociale in mezzo a cui vive la donna non entra per niente nella sua inferiore criminalità? Detti per incidenza più d'un accenno su questo punto, perciò bastano poche cose per rispondere completamente a questa domanda. Concorre sì la condizione sociale delle donne, che le allontana da molte occasioni di commettere reati, a determinare la loro delinquenza minore, ma non è questa la sola causa del fenomeno in parola, come pretendono Colaianni, Ziino, Maiorana Catalabiano ed altri sociologi e statistici criminali. Poichè se il fatto di cui si ragiona fosse l'unico effetto del tenore di vita che mena la donna nelle società civili moderne, ne conseguirebbe di necessità che dove le sue condizioni sociali si avvicinano a quelle dell'uomo, la criminalità femminile dovrebbe pareggiare o per lo meno avvicinarsi d'assai a quella maschile. Invece accade proprio il rovescio. In Inghilterra dove la donna è più libera e partecipa molto di più che negli altri paesi europei alla vita pubblica, la delinquenza femminile si mantenne sempre e tuttavia si mantiene inferiore a quella dell'uomo. É vero che tra le inglesi il numero delle donne delinquenti è più grande che altrove, ma ciò non dipende soltanto dalla parte più larga che prende la donna alla vita economica e sociale della nazione, sivvero dalla irrefrenabile tendenza che ha per le bevande alcooliche, o come dicesi con vocabolo tecnico, dalla *dipsomania*, malattia cronica e a quanto pare insanabile delle femmine inglesi, le quali formano la disperazione delle società di temperanza e dei filantropi. Si ha in proposito questa triste statistica. Nel 1881 furono raccolte nelle vie di Glasgow 4329 donne ubriache fradice, nel 1891, 6120 ed in relazione appunto colla intemperanza, è la diffusione straordinaria degli istituti di prestito su pegni, la miseria domestica, i processi per separazione coniugale, la delinquenza e la pazzia.

Ma a parte l'Inghilterra; diasi un rapido sguardo agli Stati Uniti, dove la donna gode la massima libertà e trovasi in condizioni quasi uguali a quelle dell'uomo. Hannovi colà non solo letterate di professione, giornaliste e via dicendo, ma questa esercita la medicina o la farmacia, quella l'avvocatura od il notariato: quasi tutte sono eleggibili ed elettrici, e bazzicano perciò nei pubblici comizi e deliberano nelle assemblee politiche. Nè mancano di quelle che dannosi alle armi e coprono nell'esercito cariche ragguardevoli. Così Vittoria Woodul è colonnella nell' 85° reggimento dei Negri, e Miss Caflin sua sorella sta per raggiungere il medesimo grado nel settimo reggimento. E ne volete di più? La donna è emancipata tanto che certa Crangiun abdicò pubblicamente e con forme solenni al marito, ed una tale Maria Walcher si vide passeggiare per le vie e per le piazze in pantaloni senza che anima viva ne facesse le meraviglie. Ho letto non ha guari nel Corriere della Sera che gli abitanti di Keundrich negli Stati Uniti poco tempo fa elessero all'ufficio di *Sindaco* una giovine donna di 22 anni, la quale, a quanto pare, ha preso sul serio la carica conferitale ed ha dichiarato recisamente che, se il Consiglio non filerà diritto, applicherà rigorosamente i regolamenti; ha aggiunto poi che sarà *un padre* per i suoi amministrati.

Stando così le cose si sarebbe indotti a credere che nel nuovo Mondo la criminalità femminile pareggi quella maschile, anzichè starle di sotto. Pure non è punto così, perchè - come fu visto - negli Stati Uniti appunto si ha UN *delitto* commesso da donne, su DODICI consumati da uomini. Ma oppone Colaianni che la delinquenza della donna varia da paese a paese, di anno in anno, dalla città alla campagna a misura che le condizioni sociali del sesso femminile si avvicinano o si allontanano da quello del sesso maschile, e da questa premessa scende alla conclusione che resta esclusa l'asserita maggiore moralità organica della donna ed il suo innato e più spiccato altruismo. Però se è incontrastabile la *premessa di fatto* del chiaro scrittore, non è, secondo me, nè *vera*, nè *logica* la conseguenza che ne ricava. Sta in fatto che in Francia nel 1890 la proporzione delle donne delinquenti è del 14 per cento e in Italia del 9 per cento, la qual differenza fra i due paesi è spiegata dal Bodio col fatto che in Francia le donne partecipano alla vita economica molto più che in Italia, cosicchè riescono più numerosi per esse i *contatti colla società, le tentazioni, i bisogni*. È pur vero che nella Francia stessa dal 1881 al 1882 gli uomini accusati di crimine furono l'86 per cento e le donne il 14 per cento. Sta bene che in Inghilterra la criminalità femminile dal 1834 al 1862 fu del 24 per cento pei reati più gravi ed egregiamente osserva Messedaglia che la minor delinquenza femminile della donna italiana di fronte a quella inglese si deve attribuire alla minore partecipazione alla vita pubblica. Queste accurate rilevazioni fatte dal Marro sono esattissime e lo sono del pari i calcoli della polizia inglese secondo i quali nel paese di Galles dal 1858 al 1864 la donna in media rappresenta sulla criminalità il 42 per cento e l'uomo il 58 per cento. Ammetto senza riserva quel che afferma Messedaglia che nella Lombardia, nella Spagna, nella Dalmazia, nella Voivedina, nella Gorizia il sesso femminile dà il *minimo* al malefizio e il *massimo* nella Slesia Austriaca e nelle provincie baltiche della Russia. Riconosco senza esitazione che, dove le donne s'immischiano di più nelle lotte e nei lavori virili, si avvicinano maggiormente alla delinquenza maschile e che molto più vi si accostano dove, causa l'organizzazione speciale della famiglia operaia inglese, i bassi fondi sono popolati *ugualmente* di maschi e di femmine. Ma in simili contingenze l'*accostarsi* della criminalità femminile alla maschile non vuol dire *raggiungerla* e *parificarla* e resta sempre fermo il fatto che la delinquenza della donna è *al di sotto* di quella dell'uomo. Basta questo per arrivare ad una conclusione assolutamente contraria a quella di Colaianni. Infatti poichè il fenomeno della minor criminalità femminile è un fenomeno complesso, non può derivare da *una causa* sola, ma da *un insieme* di cause *insieme combinate*, ciascuna delle quali caso per caso agisce con energia diversa, per quanto a produrre *l'effetto* sia necessario il *concorso simultaneo* di tutte. Laonde, dove le condizioni della vita sociale femminile sono uguali a quelle della vita maschile, l'*intensità* del *fattore sociale* del malefizio nella criminalità femminile sarà *maggiore* che nell'ipotesi contraria e così la delinquenza della donna si accosterà di più - come avviene di fatto - a quella dell'uomo. Ma se malgrado l'*uguale intensità* dell'azione dell'ambiente sociale la *criminalità femminile* è inferiore a quella maschile, applicando il *metodo dei residui*, che secondo Stuart Mill è istrumento poderoso d'investigazione statistica, si dovrà concludere che questa *differenza quantitativa* fra le due criminalità è l'*effetto necessario* della diversa *energia d'azione* dell'altro fattore del crimine, che è quello *individuale* e così riconoscere nella donna una *tendenza naturale minore* al malefizio e quindi che dal punto di vista della *pietà* e della *probità* vale qualche cosa meglio che l'uomo. Dunque il *fattore sociale* del delitto influisce sì nella minore delinquenza della donna, ma questa *differenza quantitativa* fra le due criminalità non si può spiegare in disparte del *coefficiente individuale* sia *fisico* sia *psichico* del malefizio.

In conclusione la statistica prova luminosamente non solo la *tendenza naturale* a delinquere *minore* nella *donna*, che nell'*uomo*, ma palesa pure un fatto della massima importanza sociale; la *superiorità di quella nel campo del sentimento e dell'affetto*. E con questo talismano irresistibile che s'insinua nel cuore dell'uomo, lo affascina e lo soggioga. *Si vantino pure gli uomini* - così una valente scrittrice - *del loro impero sul nostro sesso, ma si persuadano che la loro gloria e la loro virtù dipende da noi*, ed è vero. E chi fa querela del *predominio morale* del sesso femminile su noi, accusi la dignità delle nostre matrone, la carezza ed il bacio delle nostre madri, delle nostre mogli, delle nostre sorelle, la modesta verecondia delle nostre fanciulle; accusi insomma le attrattive irresistibili della donna, la bontà dell'anima sua, la delicatezza de' suoi affetti, la malia de' suoi sguardi, il fascino delle sue grazie; e finalmente - lo dirò col poeta - *accusi Dio che la creò sì bella*.

Printed by Libri Plureos GmbH in Hamburg, Germany